AF588842

DU COMMERCE
DES GRAINS.

DU

COMMERCE DES GRAINS,

DANS LE SYSTEME GÉNÉRAL D'ÉCONOMIE INDUSTRIELLE.

RAPPORT

PRÉSENTÉ,

AU NOM DE LA COMMISSION SPÉCIALE,

A la Société d'Agriculture de l'arrondissement d'Étampes, sur l'Ouvrage de M. Laboulinière, Sous-Préfet de cet Arrondissement,

AYANT POUR TITRE :

DE LA DISETTE ET DE LA SURABONDANCE.

PAR LOUIS ROUSSEAU.

A PARIS,

DE L'IMPRIMERIE DE GUIRAUDET, RUE SAINT-HONORÉ, N° 315, VIS-A-VIS SAINT-ROCH.

1822.

RAPPORT

SUR L'OUVRAGE DE M. LABOULINIÈRE,

Sous-Préfet de l'arrondissement d'Etampes,

AYANT POUR TITRE :

DE LA DISETTE ET DE LA SURABONDANCE.

MESSIEURS,

De tous les besoins de la vie, celui des alimens étant le plus indispensable, le soin d'y pourvoir est sans contredit la première condition de l'existence des sociétés : il est donc naturel que cette branche d'économie publique excite au plus haut degré la sollicitude du philanthrope et de l'homme d'Etat. C'est dans la vue d'explorer cet important sujet que M. Laboulinière, sous-préfet, et président d'honneur de la Société d'agriculture de l'arrondissement d'Etampes, a publié un ouvrage intitulé : *De la Disette et de la Surabondance en France.*

Une commission spéciale a été nommée dans votre séance du 4 mai 1822, pour méditer les idées de M. le sous-préfet, et en faire son rapport à la Société. Elle se compose de Messieurs :

Henin de Longuetoise, propriétaire cultivateur à Longuetoise, président ;

De La Sablière, propriétaire à Vayres (1) ;

Glachant, percepteur des contributions directes à Angerville ;

Rousseau (Armand), maître de poste à Angerville ;

Delanoue, cultivateur à Pussay ;

Argant, cultivateur à Boissy-la-Rivière ;

Venard fils, notaire royal à Etampes ;

Rousseau (Louis), cultivateur à Angerville, rapporteur.

Votre commission, Messieurs, ne s'est pas dissimulé tout ce qu'avait de délicat la tâche que vous lui donniez à remplir. Dans le cas peut-être d'avoir à combattre quelques propositions du livre que vous défériez à sa critique, elle ne pouvait oublier que l'auteur, magistrat estimé dans tout l'arrondissement, avait en ou-

---

(1) Au moment où je termine ce Rapport, j'ai la douleur d'apprendre la mort de M. de La Sablière, moissonné à la fleur de l'âge, à la suite des fatigues d'une partie de chasse.

tre des titres particuliers à la reconnaissance de la Société d'agriculture, qui s'est fondée sous ses auspices et par ses soins. Toutefois, nous nous sommes efforcés, dans le cours de cette intéressante discussion, de justifier la confiance dont vous nous avez honorés, et mériter par cela même l'estime de l'auteur.

« C'est toujours, dit M. Laboulinière, en raison de la douceur des institutions et de l'affranchissement de l'espèce humaine, que les peuples ont vu se développer leur industrie. »

Trouvant la démonstration de ce principe à chaque page de l'histoire, l'auteur trace rapidement le tableau de l'agriculture, en France, sous les Gaulois, qui, selon lui, devaient être très-avancés dans cet art, mais qui furent opprimés et ruinés par leurs conquérans romains. Après ceux-ci, la Gaule tomba au pouvoir de nouveaux vainqueurs, venus des forêts de la Germanie, hordes barbares qui ne s'établirent sur les ruines de l'empire qu'à l'aide de la corruption qui l'avait dès long-temps énervé.

Toutefois, l'auteur suppose que cette nouvelle conquête améliora momentanément le sort des vaincus. « La sobriété originelle des peuples germains, dit-il, la rudesse de leur manière de vivre et la douceur de leur domination habituelle, jointes à l'abolition d'une foule d'exactions romaines, furent, après les premiers momens de l'invasion, des motifs de consolation pour les Gaulois.... Mais l'altération de la constitution primitive des Francs, les querelles qui s'élevèrent continuellement entre les princes, qui se partageaient l'Etat comme un héritage de simples particuliers; enfin, ces habitudes militaires, destructives de tout ordre social, firent des Gaules, pendant la première race, un théâtre sanglant de violences et de dévastations.... Le régime seigneurial se fortifia tellement, que, sans la rivalité de familles puissantes, le royaume eût sans doute été morcelé...... Ce n'eût été qu'un demi-mal, s'il se fût formé de petites principautés fédérales, ou si une aristocratie légale se fût établie; car cette forme politique en vaut une autre, quand elle est ce qu'elle doit être, etc. » Sous le rapport politique, Messieurs, cette dernière proposition sort des attributions de la Société d'agriculture : c'est pourquoi nous avons dû nous en interdire la discussion; mais il nous est permis de juger dans ses effets sur l'industrie agricole l'aristocratie, qui vint, à main armée, s'imposer aux nations gauloises. Elle ne ruina pas seulement l'agriculture, elle dégrada la profession du cultivateur, en perpétuant sa condition de vaincu, et en érigeant en droit les exactions de la conquête. Laissons M. Laboulinière peindre cet affreux état de choses avec des couleurs aussi vraies qu'énergiques.

« C'en était fait de l'avenir, non-seulement politique, mais social, des plébéiens, grâce à l'organisation forte et bien conçue du système militaire franc, à l'aide duquel une noblesse avide s'appropriait tout le territoire, dépouillait le clergé lui-même, et rendait toute faiblesse tributaire de la force; nous verrions encore, comme en Pologne, des fronts humiliés, incessamment courbés vers la glèbe, l'arroser de sueurs, qui la fécondent toujours mal pour des maîtres, et des bras serviles sans activité et sans industrie; enfin, l'anéantissement, consommé en deux siècles, de tous les restes de la civilisation romaine, se serait peut-être prolongé jusqu'à nos jours, sans des événemens inattendus et salutaires.

C'est de l'heureux avénement des Capets au trône de France que datent, pour le corps de la nation, la naissance et le développement des libertés publiques... L'établissement des communes, dont les rois de France se firent un appui contre les grands vassaux de la couronne; les circonstances qui, durant les croisades, favorisèrent les possessions plébéiennes et avec elles les cultures, concoururent à modifier l'état politique, civil et moral de la classe roturière. Cette dernière grande crise surtout hâta le retour des lumières, qui devaient affranchir les peuples de la servitude, et rendre à la pensée de l'homme toute son activité. »

Nous ne suivrons pas l'auteur dans les progrès lents et les pas rétrogrades des franchises de la nation. Arrivons au ministère de Sully. « Ce grand homme, observe M. Laboulinière, s'appliqua presque exclusivement à protéger, à encourager l'agriculture par tous les moyens possibles, et surtout par le plus efficace de tous, l'ordre et l'économie dans les dépenses publiques, qui permettent l'allégement des impôts. Tout ce qu'on laisse à la terre, elle le rend avec usure, et c'est enrichir l'Etat que de tirer le moins possible de capitaux des mains de l'agriculteur. »

Il est superflu, Messieurs, que je vous fasse observer le sens profond que renferme ce peu de mots. Toutefois, nous n'adhérons pas de même à l'apologie que l'auteur fait du ministère de Colbert, de cet homme qui sacrifia l'agriculture de son pays pour y établir avec effort quelques manufactures de clinquant, abandonnant ainsi une source de richesses abondantes et certaines pour des avantages minimes et précaires. Si les capitaux qu'on a forcés alors de prendre leur cours vers la fabrication d'objets de luxe, que ne commandaient pas encore les besoins de la nation, eussent été féconder la culture, qui sait où serait parvenue de nos jours la richesse publique en France ? Au reste, M. Laboulinière nous peint les funestes conséquences qu'entraîna, sous le règne suivant, le système prohibitif et réglémentaire mis en vogue par ce malencontreux homme d'Etat. Il avoue « qu'on vit tout languir en France dans les ateliers et dans les fermes, sous l'empire de la routine, dans les entraves réglémentaires et par de funestes prohibitions, tandis que nos voisins marchaient vers une prospérité toujours croissante sous un régime de liberté. »

L'auteur passe en revue toutes les vicissitudes survenues dans les diverses conditions de la société, et leur influence sur la production des richesses. « On ne saurait le nier, s'écrie-t-il, sous le rapport des progrès industriels et surtout agricoles, nos antiques institutions opposaient des obstacles que n'avaient encore pu vaincre, ni la puissance des rois, ni les progrès de l'instruction. La classe agricole, grevée de corvées, de droits féodaux et de dîmes, supportant seule des charges onéreuses et flétrissantes tout ensemble, était découragée dans ses travaux et hors d'état d'améliorer les cultures..... Au lieu qu'aujourd'hui l'homme de la glèbe, devenu le semblable, sinon l'égal, du propriétaire, est maître de son travail et de ses fruits..... Libre, indépendant, honoré dans sa profession, l'agriculteur jouit avec une entière sécurité des mêmes droits civils que ses concitoyens, et plus il produit, plus il possède...... Les progrès qu'ont faits depuis vingt ans les procédés agricoles montrent que l'œil du maître a porté ses regards partout, et que le laboureur féconde un sol affranchi..... Des établissemens industriels ont remplacé presque partout ces fondations monacales, ces monumens féodaux, qui ne sont plus en rapport avec l'état actuel de la société..... Les grandes habitations de luxe ne conviennent aujourd'hui qu'à un très-petit nombre de familles; et l'opulence elle-même n'aime plus à s'entourer de ces nombreuses gens de livrée, dont la fainéantise ne profitait à personne et nuisait à l'Etat. »

Nous avons cru, Messieurs, devoir examiner le sujet qu'a traité M. Laboulinière, sous trois rapports, savoir : la production des denrées alimentaires, leur conservation et leur mode de distribution.

La propagation des perfectionnemens industriels est une sorte d'encouragement auquel toute profession utile a droit de la part du gouvernement, quand celui-ci est à même de le donner, parce que les avantages publics qui en résultent sont de beaucoup supérieurs aux dépenses qu'ils occasionent à l'Etat ; mais il n'en est pas toujours de même des faveurs pécuniaires au moyen desquelles le législateur juge à propos de stimuler spécialement certains genres de production. Ceci est une question des plus délicates à traiter par les parties intéressées. Quoique notre Société d'agriculture, Messieurs, soit tout entière composée de cultivateurs et de propriétaires, on ne l'entendra point, rapportant tout à ses intérêts particuliers, réclamer de la législation des encouragemens qu'elle ne puisse motiver sur le bien public. Il n'y a, en effet, qu'une utilité publique qui ne serait pas assez vivement sentie, ni, par conséquent, assez rétribuée par les individus, qui puisse légitimer un sacrifice imposé à la communauté en faveur d'une de ses fractions. On ne peut nier, par exemple, que les savans qui consacrent leurs veilles à améliorer la condition de l'espèce humaine, et dont les découvertes seraient, à coup sûr, trop faiblement rétribuées par l'intérêt privé, n'aient droit à une rémunération publique. On est sans doute également convaincu qu'on doit, par tous les sacrifices possibles, nationaliser la production des objets nécessaires à la défense de l'Etat, et ne pas l'abandonner aux chances du commerce.

Qu'on pèse à présent, en partant du même principe, de quelle importance il peut être pour une nation d'être en tous temps assurée de sa subsistance ; et nous pensons qu'on n'hésitera pas à reconnaître qu'il est aussi de l'intérêt commun d'encourager l'agriculture par des faveurs particulières. C'est ici le cas, comme dans la défense de l'Etat, où l'acheteur est le plus souvent à la merci du vendeur, au grand danger de la chose publique; ce qui ne peut avoir lieu à l'égard des autres productions.

Mais, objectera-t-on, le besoin d'alimens n'est-il pas d'une urgence telle pour les individus, qu'il les force à mettre aux produits agricoles le prix nécessaire à l'industrie, sans qu'il soit besoin d'encouragemens particuliers? Sans doute il en serait uniformément ainsi si l'agriculture pouvait, comme les autres arts industriels, déterminer d'avance la quantité de ses produits d'après la somme de travail, de capitaux et d'intelligence qu'elle y consacre; mais, comme elle emploie pour agent principal l'influence des saisons, dont il n'est pas en son pouvoir de régler le cours, ses résultats sont souvent très-inégaux.

Pour que le public n'ait pas à redouter la disette, il est donc essentiel que l'agriculteur ne souffre pas de la surabondance : c'est ce qu'a parfaitement démontré M. Laboulinière. Ainsi vous voyez, Messieurs, que ça a été par une sollicitude mal entendue pour le bien-être du consommateur, et en sacrifiant son avenir à de faibles avantages du moment, qu'une législation imprudente a souvent préparé ces années calamiteuses auxquelles on cherche en vain le remède quand elles sont arrivées. Tel est l'effet qu'amène tôt ou tard la concurrence avec des producteurs étrangers, qui éprouvent, soit habituellement, soit accidentellement, la surabondance des grains, ou qui même sont simplement favorisés dans leur commerce par la politique de leurs gouvernemens.

M. Laboulinière pense que le meilleur encouragement qu'on puisse donner à l'agriculture, c'est de faire fleurir le commerce. Assurément, l'agriculteur aura toujours plus d'avantage à livrer ses produits à des consommateurs riches que pauvres ; mais, par la même raison, le manufacturier et le commerçant ont un intérêt semblable à ce que leurs consommateurs agricoles soient fortunés. Quand il est reconnu utile à l'Etat de stimuler par un avantage supplémentaire spécial une branche d'industrie, c'est s'y prendre par une voie un peu détournée que d'accorder à une autre le bienfait qu'on lui destine. Je m'attends à ce qu'on nous objecte ici qu'à l'exemple immémorial de plusieurs classes de négocians, nous en venons à faire valoir les principes du droit commun pour l'achat de nos objets de consommation, en sollicitant une sorte de privilége pour la vente de nos produits. S'il ne s'agissait que de l'intérêt de l'agriculture, comme, en définitif, la rétribution du producteur doit être subordonnée à la convenance du consommateur, il n'y aurait nullement lieu à créer pour celui-là des avantages que celui-ci ne lui accorde pas. L'industrie agricole ne peut réclamer pour elle que le droit commun, dont, au reste, elle est exclue, sous plus d'un rapport, dans la législation actuelle; mais alors on doit s'attendre qu'elle se bornera à proportionner ses entreprises aux résultats des années moyennes. Or où sera, dans ce cas, la sécurité que l'Etat désire trouver en elle dans tous les temps? Si la nation veut se faire assurer contre la disette par l'industrie agricole, elle ne peut le faire qu'au moyen d'un léger sacrifice pécuniaire fait dans les temps d'abondance.

Telle est la raison politique qui a porté le pouvoir législatif, en Angleterre, à interdire l'importation des grains, et à accorder des primes à l'exportation. C'est, en partie, à cette mesure qu'elle doit l'agriculture la plus perfectionnée et la plus productive de l'Europe. Remarquez ici, Messieurs, que la richesse du cultivateur tourne, en définitif, à l'avantage du consommateur, et que le sacrifice momentané que lui fait le public n'est qu'une avance, dont celui-ci ne tarde pas à profiter. En effet, toutes ces méthodes perfectionnées de l'économie rurale, ces nouveaux assolemens, ces instrumens ingénieux, ce nombreux bétail nécessaire à toute bonne exploitation, enfin, l'éducation de l'agriculteur elle-même, exigent un capital beaucoup plus considérable que les moyens de l'ancienne culture. Il n'y a donc que des cultivateurs munis de facultés pécuniaires suffisantes qui puissent produire le grain au meilleur marché possible.

M. Laboulinière professe d'autres principes que ceux-ci, relativement à l'exportation. Rapportant tout à un système d'approvisionnement intérieur que nous développerons bientôt, il veut, d'après l'abbé Galiani, auteur du dernier siècle, qui a écrit sur cette matière, « qu'on fasse peser un droit sur la sortie des grains, de manière, dit-il, à tempérer l'exportation sans l'empêcher dans l'extrême baisse. » Ce droit, Messieurs, qui est, sinon un obstacle, du moins un entrave à l'écoulement, ne produit pas, il est vrai, tout le mal d'une prohibition absolue de sortie; mais il ne laisse pas d'atteindre l'abondance dans sa source même. L'auteur a ici perdu de vue le principal but qu'il a dû se proposer, qui est, non pas de produire artificiellement le bon marché du moment, mais de fonder des causes constantes d'abondance. La formation des réserves n'est qu'un des moyens de remplir cet objet; or tous les moyens doivent agir dans le même sens et ne pas se détruire : autrement, on augmente l'encombrement des marchés, c'est-à-dire qu'on aggrave une cause de disette pour en préparer le remède à meilleur compte. Ce n'est pas là travailler pour l'avenir.

Qu'on ne craigne pas, au reste, que la détresse d'un pays voisin impose, au moyen de la libre exportation, de véritable malaise à la France; il y a un impôt naturel qui modérera toujours suffisamment l'exportation : ce sont les frais de transport.

Toutefois, M. Laboulinière observe, par un sentiment de justice, que, s'il est des cas extrêmes où il faille prohiber momentanément l'exportation, il est telle surabondance où elle doit jouir, non-seulement de la suspension des droits, mais encore de primes de sortie.

« Les raisonnemens de Galiani, continue l'auteur, au sujet de l'importation, ne sont pas moins victorieux : il ne comptait nullement sur les retours de l'étranger, avec lequel il n'y a point de traité qui puisse garantir la régularité de la fourniture. Il trouvait mauvais que l'importation fût libre et dégagée de tout impôt, prévoyant que des pays très-fertiles inonderaient nos ports, même dans l'abondance. Nous proclamons aujourd'hui officiellement, s'écrie l'auteur, ce qu'avait prévu Galiani il y a cinquante ans »

Et nous aussi, nous partageons certainement tous le sentiment exprimé par M. Laboulinière. Permettre à l'intérêt privé, leurré par quelques avantages du moment, de ruiner les ressources nationales, c'est fournir à l'étranger, incapable de nous subjuguer par les armes, les moyens de nous tenir, quand il voudra, par la famine.

L'auteur pense que l'importation et l'exportation sont au reste des moyens insuffisans pour parer aux inconvéniens de la disette et de la surabondance ; il va même jusqu'à dire que cette dernière question est presque étrangère à celle de l'entrée et de la sortie des grains. Il se fonde en cela sur la petite proportion de denrées qui entrent et sortent ordinairement dans les deux cas extrêmes. Sans dénier à l'auteur qu'on doive employer concurremment avec ceux-ci d'autres remèdes à ces deux maux, nous nous croyons fondés à attacher plus d'importance qu'il ne semble faire aux effets de l'exportation. L'avilissement du prix des grains ne suit pas la proportion de la quantité surabondante, mais marche dans une progression bien plus rapide. En effet, dans un marché approvisionné ordinairement avec dix mille hectolitres de grain, il suffit qu'il s'en présente cent hectolitres de plus qu'à l'ordinaire pour qu'il y ait surabondance, et qu'il s'établisse entre marchands une vive concurrence au rabais sur le prix de la denrée. Ainsi, il n'est besoin, dans ce cas, que d'un écoulement d'un centième de l'approvisionnement, pour que l'équilibre soit rétabli.

La conservation a cet avantage, qu'elle peut pourvoir au besoin plus promptement que l'importation, et qu'elle est indépendante des accidens naturels et politiques qui ont lieu chez l'étranger. Mais, ainsi que le transport, elle entraîne des frais et des risques qui nécessairement doivent augmenter le prix de la denrée au moment où elle se présente sur les marchés. C'est pourquoi l'art de conserver les grains forme une branche d'industrie distincte de celle qui les produit. Si l'on considère l'impuissance où est l'agriculture de proportionner ses produits aux besoins publics, on concevra toute l'importance de ce second service industriel.

M. Laboulinière passe en revue les divers moyens usités ou proposés pour préserver le grain de la décomposition et des ravages des animaux nuisibles, ce sont : l'aération dans les greniers, l'entassement en meules, surtout en meules isolées; le ventilateur de Hale, les fosses ou silos, les coffres superposés de M. Dartigues, les tours à trémies de M. Descraisille, le secret d'un M. Chenest contre les charançons, et enfin les récipiens de plomb imaginés par M. le comte Dejean. Tous ces procédés, à l'exception des deux premiers, n'ayant pas, jusqu'à présent, reçu en grand la sanction de l'expérience, nous nous bornerons à faire des vœux pour que l'on s'assure, par des essais répétés, de leur efficacité et de leur économie. Jusque là nous ne pouvons établir nos calculs statistiques que sur les procédés vulgairement pratiqués.

Avant d'examiner la manière dont l'auteur envisage le système distributif de la denrée première, nous sommes obligés de jeter un coup d'œil sur les modifications qu'il propose de faire subir à la législation sur le commerce intérieur des grains. « On a observé, assure M. Laboulinière, que la hausse sur les marchés était en grande partie l'effet de l'agiotage qui résulte nécessairement, dans les temps de cherté, du grand nombre de petits acheteurs du moment, pressés de revendre pour un modique profit. » D'après cela, l'auteur veut bien qu'on laisse toute la latitude possible aux gros commerçans; mais il ajoute que la plus importante réforme serait d'exclure des marchés tous ces petits spéculateurs qui, sans faire d'achats considérables, contribuent fortement par leurs reventes à maintenir le prix des grains à un taux élevé. En conséquence, il trouve expédient de surimposer les patentes de marchands de grain, et d'en exiger une spéciale, nonobstant toute autre profession, ou la déclaration, un an d'avance, qu'on veut faire le commerce des grains.

C'est partir d'une hypothèse évidemment erronée, que de poser en fait qu'il ne dépend que du marchand d'augmenter la valeur vénale de la denrée qu'il a entre les mains; l'on confond ici le désir qu'il peut avoir avec le pouvoir qu'il n'a assurément pas.

Quant à cette affluence occasionelle de gens

qui se livrent dans les temps de cherté au commerce des grains, et que M. Laboulinière regarde comme une calamité, elle est au contraire utile au public. En effet, à mesure que le prix des grains s'élève, le commerce de cette denrée réclame un plus grand capital. Si donc les moyens des négocians ordinaires sont devenus insuffisans, il est dès lors indispensable que de nouveaux capitalistes se présentent sur les marchés, pour que le service public continue à être exploité complétement. D'ailleurs, ce n'est pas en restreignant le nombre des entrepreneurs d'une industrie, ni en augmentant ses impôts, qu'on parviendra à modérer le prix de ses produits.

Nous voici arrivés à la question des approvisionnemens, que nous pouvons regarder comme le principal objet de l'ouvrage.

« L'imprévoyance, suivant M. Laboulinière, appartient au caractère de l'humanité ; c'est aux gouvernemens à chercher et *trouver* les moyens d'y remédier, comme tuteur de ces éternels pupiles qu'on appelle des hommes. » Il cite néanmoins, mais dans la vue de les réfuter, les maximes suivantes de M. Turgot : « L'idée de procurer toujours au peuple le grain à un prix égal, malgré l'inégalité des récoltes, est une chimère. Quelque chose qu'on fasse, il faut toujours, quand la récolte a manqué, que le consommateur paie son grain plus cher de la totalité des frais de transport ou de ceux de conservation. Quand la récolte est abondante, il paie le grain moins cher de tous les frais nécessaires à son transport dans les lieux où il manque, et à sa conservation dans les années défectueuses. Voilà, ajoute le sage ministre, la plus grande égalité possible, et aussi la plus grande inégalité qui ait lieu, quand la liberté est entière.

« Je ne puis, reprend l'auteur, concéder ce dernier point, erreur capitale des économistes... Il est certainement, en matière de subsistances, des cas où, la balance venant à se rompre, il est besoin d'effort et d'art pour faire contre-poids et rétablir l'équilibre.... Il faut qu'une certaine prévoyance ménage les ressources superflues pour les temps de déficit, et fasse venir les localités qui surabondent au secours de celles qui manquent. L'intérêt particulier peut-il remplir ce double objet, et le gouvernement peut-il se borner à protéger l'industrie des sujets, ou bien doit-il intervenir, et d'après quel mode doit-il le faire?

« Je crois que l'imprévoyance générale et les

spéculations commerciales les plus libres, *et par cela même qu'elles sont libres*, ajoutent aux causes naturelles qui rompent si fréquemment cet équilibre si désirable dans le prix des subsistances et des salaires. Il s'ensuit la nécessité de précautions publiques qui, sans gêner cette liberté, concourent à modérer ou soutenir les prix....

« En France, le commerce, tel qu'il existe naturellement, est tout-à-fait insuffisant pour faire et assurer, soit sur les ressources intérieures, soit sur celles du dehors, les approvisionnemens et les réserves nécessaires; ses achats ne peuvent embrasser la totalité du superflu dans l'abondance, et conséquemment du déficit dans les disettes.... Il faut, pour Paris et les grandes villes, et la France entière, recourir à des mesures d'administration économique.... et que l'État fasse d'une manière quelconque ce que les individus ne veulent et ne peuvent pas faire, ou font à leur profit et au détriment du public....

« Le commerce n'empêchera jamais l'excessive cherté ni l'extrême baisse, parce qu'il spécule dans l'un et l'autre cas, et attend le moment le plus avantageux, soit pour acheter, soit pour vendre....

« Pour contenir le monopole ou les spéculations abusives trop évidentes, en matière de subsistances, il n'y a d'autre moyen que la concurrence d'un pourvoyeur désintéressé.... Les subsistances sont, à mon avis, continue l'auteur, une matière mi-partie commerciale et administrative....

« La première obligation de la souveraineté, son plus beau droit, est, sinon de nourrir les peuples, du moins de veiller à la sûreté de leur subsistance, d'être enfin comme une seconde prodence, réparatrice des fléaux du ciel même....

« Il est possible au gouvernement, et au gouvernement seul, d'avoir des aperçus suffisans, à l'aide des informations qu'il peut prendre, et de sa constante expérience en ces matières.

« Par les renseignemens qu'elle a et sa constante surveillance, l'autorité peut prévoir et pourvoir, en tous temps et en tous lieux, ce que ne peut faire le commerce; cette autorité, bien employée, peut lever tout obstacle, empêcher tout retard, anéantir les spéculations de l'avarice commerciale.... Dans l'intervention que j'attends de l'autorité, à Dieu ne plaise que je veuille *porter la moindre atteinte au libre commerce* des subsistances... Il s'agit uniquement de *forcer* (au moyen de la concurrence désintéressée) le commerce à donner à un prix raisonnable dans l'abondance, et à se contenter d'un bénéfice honnête dans la pénurie....

« Sans doute, les propriétaires de terres qui perçoivent leurs revenus en grain, et le commerce laissé à *toute sa liberté*, concourent pour une bonne part aux avances qu'exigent les approvisionnemens; mais je n'évalue ce double secours que pour les deux tiers du besoin total ... Ainsi, il nous faut des approvisionnemens de réserve formés sur toute la surface du territoire, et à la fois entre les mains des cultivateurs et propriétaires, des spéculateurs, de quelques grandes villes et de l'Etat. Voilà ce qu'on doit entendre par un bon système commercial sur les grains, et non l'industrie particulière seule, à laquelle quelques personnes croient encore pouvoir se confier, en lui donnant je ne sais quelles facilités qui n'existent pas présentement, et qu'il n'est pas aisé de créer, même dans un avenir éloigné, tels que des canaux et des moyens économiques de conserver les grains.

« Il ne suffit pas des moyens de transport les plus avantageux pour niveler les prix; le commerce sait mieux spéculer que cela. Pour peu que les apparences et l'opinion s'y prêtent, il sait opérer la baisse quand il veut acheter, et la hausse quand il veut vendre. Il ne suffit pas de pouvoir conserver les grains à peu de frais; nos fermiers des contrées les plus productives y réussissent assez bien : il faut faire l'avance de ces réserves, ce que nos agriculteurs et nos négocians réunis ne sauraient nous garantir suffisamment; et, le fissent-ils, n'agissant que dans leur propre intérêt, cela n'empêcherait pas la cherté là où le blé viendrait à manquer entièrement; ils l'y vendraient au poid de l'or, et d'autant plus qu'ils viendraient tardivement au secours. Il n'y a que *des transports à l'avance* qui puissent prévenir ce grave inconvénient.

« Il est digne du siècle de voir mettre un terme à toutes les calamités pour cause de subsistances, et d'affranchir l'administration de cette terrible responsabilité des séditions et des émeutes populaires. C'est par de la prévoyance, c'est par des précautions qu'on y parviendra, et à la puissance législative seule appartient le droit, l'autorité et la faculté de les prescrire, et de les faire mettre à exécution....

« C'est par et pour la masse des sujets qu'il faut que le gouvernement ait, je ne dis pas en sa possession, mais à sa disposition, des blés de réserve.... Cette entreprise exciterait l'émulation du commerce, au lieu de le supplanter; au lieu de vendre à perte, elle profiterait jusqu'à un maximum donné de l'augmentation du prix et du bénéfice qui en résulte. A la législature seule appartient incontestablement le droit de régler le taux et de tracer l'échelle dans laquelle doivent se balancer le prix des grains, selon la surabondance et la rareté.

« Pour déterminer ce taux, il faudra prendre dans les diverses classes départementales le prix moyen du blé pendant les quinze dernières années qui viennent de s'écouler, et en composer le prix moyen d'une année, et chercher ensuite deux nombres, dans la proportion de deux à trois, dont ce prix serait le terme moyen : le plus petit nombre indiquerait le prix d'achat, et l'autre celui de la vente.

« Telle serait l'échelle suivant laquelle s'opéreraient alternativement la hausse et la baisse des subsistances. Durant l'ascension de cette échelle, bornée dans ses degrés, le commerce trouvera à gagner, tantôt plus, tantôt moins, selon la progression et l'adresse des spéculateurs, mais toujours suffisamment pour qu'il se pourvoit dans l'abondance, afin de revendre dans la cherté....

« Il faut que les établissemens publics, colléges, séminaires, prisons, hôpitaux, dépôts de mendicité, etc., fassent leurs réserves. La commission des approvisionnemens militaires ferait aussi ses achats lors de la baisse, non au plus bas prix, mais au taux moyen qui peut maintenir la denrée. L'administration de la ville de Paris en doit faire autant, afin d'avoir la constante facilité d'opérer des versemens à la Halle, pour y assurer un prix modéré tant que pourrait durer la tendance à une trop forte hausse. Les grandes villes suivraient le même système.

« L'art. 3 de l'ordonnance du 15 janvier 1817 affectait à la Caisse de dotation le produit d'une rétribution qui serait perçue, soit sur l'entrée des farines dans les années d'abondance, soit sur le prix du pain dans ces mêmes années. Le produit serait considérable, sans surcharge accablante ; on recueillerait ainsi, dans la baisse, de quoi rembourser les dépenses faites dans le temps de hausse. Mais une telle perception n'a pas encore été mise à exécution, sans doute, poursuit M. Laboulinière, parce qu'elle est repoussée par le préjugé populaire, et aussi par le dogmatisme économique (1). Alors nous voilà réduits à l'intervention du gouvernement dans l'administration de Paris, dont on n'a eu jusqu'à

(1) L'économie politique, qui de nos jours raisonne et ne dogmatise pas, et l'opinion publique qui favorise de plus en plus ces sortes de transactions, ne doivent pas s'opposer à ce que la population d'une ville fasse, sous des garanties suffisantes, dans les temps de grande abondance, un fonds destiné à faciliter l'achat de la denrée aux époques de cherté.

présent que des résultats peu satisfaisans........

« Le système des greniers d'abondance est une source de ruine. Les véritables approvisionnemens, en France, sont dans les mains des propriétaires et des cultivateurs, je veux dire dans leurs meules, dans leurs granges et dans leurs greniers. Ils sont très-bien là, il faut les y laisser.

« Mais comment, dira-t-on, donner aux cultivateurs et propriétaires qui ont besoin de vendre, le moyen de conserver le superflu de leur récolte? La réponse est simple : en le leur achetant, et en leur en laissant la garde. Seulement, ayez soin de ne vous adresser qu'à l'élite des cultivateurs et des propriétaires, gens véritablement responsables, qui s'engagent à vous livrer la denrée à volonté, et de première qualité; car c'est ainsi qu'il faut acheter. Étant naturellement conservateurs de grain, ils soigneront de même celui qui leur sera confié. L'approvisionnement de réserve une fois fait entre les mains des cultivateurs et propriétaires, le plus avantageusement possible, il faudra l'entretenir, c'est-à-dire remplacer, à chaque baisse, ce qui aura été vendu dans la hausse. Si l'année qui suivra l'achat, ou plusieurs autres, sont tellement productives qu'on n'ait plus besoin de recourir aux divers dépôts, ils demeureront dans les mêmes mains : seulement, après chaque récolte nouvelle, on donnera avis aux dépositaires qu'il ne sera pas fait usage des blés de la récolte précédente ; qu'ils peuvent en disposer pour leur consommation ou leurs ventes particulières ; enfin, que la réserve doit toujours se faire sur les blés nouveaux dont on prendrait aussi échantillon, et qui seraient toujours de première qualité. En cas d'infériorité des nouveaux grains, on prescrirait la conservation des anciens ; elle peut avoir lieu pendant deux, trois ans et même davantage.

« En payant comptant, et au-dessus du cours dans l'extrême baisse, vous pouvez choisir et donner votre confiance à quel dépositaire vous voudrez. Et qu'on ne craigne pas qu'il soit embarrassé de la denrée qu'on laisse à sa garde ; il en aura soin en même temps que de sa propre provision, sans qu'il lui en coûte guère plus de peine. D'ailleurs, cette peine n'est-elle pas récompensée par la surpaie du grain au comptant ? J'en dis autant des déchets naturels dont, au reste, on pourrait tenir compte.

« Il se présente à l'esprit deux manières de procurer aux villes les fonds indispensables pour ces opérations : ou une surimposition, ou des emprunts. Le premier moyen, qui semble *assez facile*, n'en paraîtrait pas moins onéreux aux contribuables, qui croiraient voir là une manière détournée de leur reprendre ce qu'on leur aurait accordé. Le second, loin d'effaroucher, sera une occasion offerte aux capitalistes de faire un utile placement. Il me paraît donc devoir être préféré. Les intérêts des emprunts, à un taux fixe et modéré, seraient acquittés par une légère *surtaxe sur le prix du pain*, ou sur les revenus communaux. Les actionnaires auraient, en outre, la perspective d'un bénéfice éventuel, sur une partie des profits en forme de dividende, dont on pourrait même faire divers lots à tirer au sort. L'autre partie des bénéfices sur les réserves serait placée en fonds d'amortissement, pour rembourser le capital de l'emprunt.

« Dans notre système d'achats à domicile, nous épargnons les avances des greniers et tous frais de garde, ou à peu près; mais il nous faut gagner aussi les prix de commission, et surtout éviter les inconvéniens attachés à l'emploi de ces intermédiaires salariés, trop inexacts, trop insoucians, alors même qu'il ne s'y joint pas de l'infidélité : il est ici besoin d'une intervention publique.

« Une administration municipale ne peut avoir, par ses propres renseignemens, une connaissance suffisante des faits propres à motiver et à diriger de semblables opérations à l'intérieur. Lorsqu'on connaîtra les besoins absolus de la France et ses ressources réelles ; lorsqu'on saura ce que l'État a de trop, le surplus des blés pourra être exporté. On pourra annuler l'importation et lâcher la vanne de décharge au profit du commerce. Pour cela, il faut être au courant des prix du dehors et connaître parfaitement ceux du dedans. Pour former une transaction entre des vendeurs et des acheteurs qui ne peuvent ni se voir ni se connaître, il faut un médiateur accrédité ; il faut nécessairement l'intermédiaire d'une autorité commune et l'emploi d'agens résidans qui servent avec désintéressement.

« Les fonds d'approvisionnemens, pour être justement et fructueusement répartis, ne peuvent donc l'être isolément et au hasard ; mais bien par un esprit d'ensemble et sur des données générales qui ne sauraient appartenir à aucune ville en particulier, et qui exigent conséquemment une sorte de centralisation.

« L'administration publique en corps ferait toutes les dispositions relatives aux achats et renouvellemens, aux transports, aux entrepôts de réserve, aux ventes sur les marchés, aux versemens de fonds, aux décomptes.

« Dans un pays qui abonde en sujets distingués et où tout le monde aspire à gérer les affaires publiques, il serait bien malheureux qu'on ne sût pas, ou qu'on ne voulût pas trouver un bon et véritable administrateur par arrondissement, lequel, s'aidant des percepteurs et du receveur particulier, ferait faire les écritures et remplir les formes de comptabilité nécessaires pour toutes les communes de la sous-préfecture où se feraient des achats, et pour tous les marchés où s'effectueraient des ventes, soit pour le compte de ses administrés, soit pour celui des villes des autres arrondissemens et départemens. Ce n'est pas là une tâche effrayante, même pour tout sous-préfet doué de ces facultés communes sans lesquelles il ne pourrait exercer ses autres fonctions.

« Il correspondrait pour celles-là avec une autorité centrale, de laquelle il recevrait les ordres et les instructions convenables, par l'intermédiaire du préfet, surveillant départemental. Cette branche d'autorité peut émaner soit du ministère de l'intérieur, soit de celui des finances, ou ces deux ministères pourraient concourrir simultanément à la haute administration et à la surveillance des approvisionnemens.

« Les fonds une fois faits devront être versés, au compte des communes respectives, dans une caisse générale. Ils seront aussi sous la garde et la surveillance des commissaires des deux Chambres et du gouvernement, pour la garantie de leur gestion et de leur emploi. C'est dans cette caisse générale que les fonds entreraient dans les chertés, pour en ressortir dans les temps de dépréciation de la denrée, et comme on ne rachèterait qu'au plus bas de l'échelle, il y aurait peu de mouvement durant les années médiocres; alors les fonds en caisse produiraient, pendant la stagnation du commerce, l'intérêt communal ordinaire.

« Le ministre des finances règlerait l'emploi de ces fonds pour le plus grand avantage de l'État et des villes elles-mêmes, pendant leur séjour au trésor, mais en les tenant toujours disponibles pour leur application à des achats de réserve.

« Si l'on juge à propos d'établir un directeur général des réserves, qui ait l'œil à tout et serve de point de communication entre les deux ministères, ce sera la seule charge centrale qu'auront à supporter les villes, en sus de celles du caissier, qui devra percevoir et payer sur les ordres ministériels et des agens subalternes des finances, à qui on accordera de modiques remises.

« Nous supposons le fonds commun des villes existant, de leur aveu, dans la caisse centrale; il s'agit d'acheter des grains de réserve au prorata. Le gouvernement, sur le rapport du ministre de l'intérieur, arrête qu'il sera acheté au prix de..... tant de quintaux métriques de grain dans tels et tels arrondissemens surchargés de denrées. Le ministre de l'intérieur en expédie l'ordre aux préfets des départemens, qui chargent les sous-préfets de réunir en assemblée cantonale les maires et un conseiller municipal de chaque commune pour recevoir, de la part des fermiers ou propriétaires qui veulent vendre, l'engagement de garder, à la disposition du gouvernement, tant de quintaux métriques de grain. Ils sont achetés et payés comptant par le receveur d'arrondissement, présent à l'assemblée, et autorisé d'avance à délivrer des fonds sur le produit de la recette. La caisse centrale en rendra l'équivalent au trésor, dès qu'elle aura reçu avis officiel des achats et de leur montant. Il sera fait état, à la direction centrale, de toutes les acquisitions, et avis sera donné aux villes du placement de leurs fonds en grains de réserve, chez tels et tels détenteurs.

« La réserve est-elle effectuée? s'agit-il de revendre des grains dans la cherté? le gouvernement arrête encore, sur le rapport du ministre de l'intérieur, que telle quantité de grains sera dirigée vers telle et telle ville qui a des besoins. L'administration et les agens financiers reçoivent les ordres convenables, et le transport s'opère. La vente a lieu à la décharge des détenteurs, qui reçoivent un reçu du receveur d'arrondissement, chargé aussitôt en recette du montant du blé au prix du *maximum* légal. La direction centrale en est instruite ; en tient écriture et en fait part aux villes pour lesquelles on a vendu.

« Telle est, poursuit M. le sous-préfet, la gestion à établir pour la centralisation et la solidarité des réserves des grandes villes, et pour les combinaisons avec celles de la guerre, de la marine, des boulangers, et de tous les établissemens publics. S'il était impossible d'éveiller l'intérêt local sur ce grand intérêt général, il resterait encore un moyen : c'est que l'Etat, c'est que la grande commune de France, fît ce que n'auraient pas voulu faire les villes ; et, dans cette hypothèse, se présentent de plus grandes combinaisons encore que celles que j'ai exposées jusqu'ici : toutes les communes entreraient alors dans le système, sous l'autorité suprême législative...

« Le premier point de la difficulté, c'est qu'on ne puisse pas même concevoir la crainte ni que les grains soient monopolisés, pour en faire hausser les prix, ni vendus au rabais et à perte, ce qui ruinerait tout le commerce des subsistances, et rendrait le gouvernement responsable de tous les approvisionnemens, *sans qu'il pût s'en acquitter.*

« Le second point de la difficulté, c'est l'argent; et il ne s'agit de rien moins que de se procurer 150 millions. J'espère *prouver la facilité d'un tel prélèvement* sous un régime tel que le nôtre. La nécessité peut seule le motiver; mais il faut une autre condition, *la certitude d'un emploi fructueux,* et c'est ce qui exige la conviction universelle. C'est à nos Chambres à invoquer les grandes mesures législatives qui devraient régler, dans leur ensemble et tout d'une pièce, la matière des subsistances. »

Le dernier chapitre de l'ouvrage de M. Laboulinière traite de tous les détails de la gestion administrative de son système d'approvisionnement; il en décrit tous les rouages, et termine par exprimer le vœu qu'on fasse, des profits de la dotation des réserves, un moyen d'assurance contre les grêles.

Je me suis appliqué avec scrupule, Messieurs, à vous développer succinctement les maximes émises et les plans conçus par M. Laboulinière, m'attachant, dans le cours de cette analise, non-seulement à n'employer aucune phrase, aucune expression qui ne fût puisée textuellement dans son ouvrage, mais encore à n'interrompre par aucune observation critique le système d'idées de l'auteur. Je désire être parvenu à vous en donnner une connaissance suffisante, pour que la discussion dans laquelle nous allons entrer soit claire pour tout le monde.

L'architecte qui se prépare à édifier un bâtiment commence par éclaircir le terrain des broussailles dont il est obstrué; de même l'écrivain spéculatif doit purger la carrière qu'il se dispose à explorer, des erreurs et des préjugés qui y occupent la place de la vérité et de la raison. C'est malheureusement ce qu'a négligé de faire M. Laboulinière, et nous voyons avec peine, dans l'ouvrage d'un homme de mérite, reproduire contre les marchands de grains toutes les préventions vulgaires que les lumières de la science moderne auraient dû dissiper dès long-temps dans l'esprit des gens instruits. Qu'entend-on par spéculations abusives ? Il nous semble qu'il n'y a de telles que celles qui sont frauduleuses ; ce sont, comme nous allons le voir, les seules contraires à l'intérêt public, comme elles le sont à la morale; or c'est aux tribunaux à en connaître. L'auteur parle de monopole à combattre ; mais comment le monopole peut-il exister dans une profession entièrement ouverte à la libre concurrence? *L'avarice commerciale*, pour me servir de ses expressions, ou, en termes plus modérés, l'intérêt privé, dont il veut *anéantir les spéculations*, est précisément le mobile nécessaire de tous les services industriels. Le philosophe peut déplorer que les relations des hommes entre eux n'aient pas une source plus généreuse; mais nous ne sommes pas ici pour examiner en moralistes les matériaux de l'édifice social; il nous suffit d'observer le principe en question sous le rapport de la richesse et de la puissance des nations. Toute recherche ultérieure serait oiseuse dans le sujet qui nous occupe. D'ailleurs, l'amour du gain n'est pas le partage exclusif de la classe des marchands de grain; tous les commerçans en sont imbus et doivent l'être. Un motif tout aussi peu désintéressé anime généralement l'homme public lui-même : c'est le désir des honneurs et des distinctions. Or la société n'en profite pas moins des bons effets produits par cet autre genre d'intérêt personnel, sans voir un sujet de grief dans leur cause.

M. Laboulinière reconnaît l'efficacité de ce principe en général, même à l'égard des produits qui viennent, dans l'ordre de leur utilité, immédiatement après les substances farineuses. Il avoue qu'une entière insouciance de l'administration sur le commerce des viandes est sans inconvéniens ; mais il ne veut pas qu'il en soit ainsi de celui des grains. Là, en raison de l'indispensable nécessité de la denrée, il prétend qu'il est besoin *d'efforts et d'art pour faire contre-poids* et modérer l'exigeance des marchands. Que les efforts et l'art que peut déployer le gouvernement s'attachent à améliorer les procédés de conservation et les moyens de transport, rien de plus juste ni de plus généralement utile; mais, sous tout autre rapport, son intervention ne peut qu'être dangereuse. En effet, il est de toute évidence que plus un produit est nécessaire, plus il convient de le bien payer pour en assurer la fourniture (1).

---

(1) Cette mauvaise humeur, sensible dans tous les débats d'intérêt, est particulièrement prononcée dans le trafic des grains, parce que cette marchandise est la plus indispensable de toutes. Sterne, ce peintre fidèle du cœur humain, allant faire l'acquisition d'une chaise de poste, remarquait que deux hommes, prêts à passer ensemble un marché, ressemblent à des gens qui vont se battre en duel. « En attendant, dit-il, que M. Dessin convînt avec moi du prix de sa voiture, je lui trouvais la mine d'un Juif, puis d'un Turc; il n'y avait pas dans sa personne jusqu'à sa perruque qui ne me déplût souverainement. » Puis tout d'un coup, s'apercevant de son tort : « Loin de moi, s'écrie-t-il, sentimens injustes, ingénéreux! » On ne peut sans doute attendre de la foule grossière le retour spontané du spirituel Irlandais; mais ceux qui parlent à la nation et travaillent à l'éclairer devraient bien s'abstenir de fomenter en elle des préjugés illibéraux auxquels elle n'est que trop disposée.

Tout appel à la philanthropie des détenteurs de grains est déplacé dans la question de leurs droits. Au fait, est-ce une aumône qu'on prétend ici leur imposer au nom de l'humanité? Mais si la loi, Messieurs, avait à rendre ce sacrifice obligatoire de la part de ceux qui en ont les facultés, il devrait être imposé aux citoyens, non en raison de l'utilité directe de la marchandise dont ils trafiquent, mais bien de leurs moyens pécuniaires. Pourquoi le marchand de grains serait-il astreint à fournir du pain aux malheureux plutôt que le marchand de draps à les vêtir, et le maçon à leur bâtir un logement? Et pourquoi le rentier, qui se récrie ordinairement le plus fort contre leur prétendue inhumanité, ne serait-il obligé à rien? N'est-il pas absurde qu'on veuille contraindre le possesseur de blé à faire, à titre de charité, des remises sur la valeur de sa marchandise à des consommateurs souvent plus riches que lui? Pour juger de l'humanité des marchands de grains, qu'on fasse un appel à leurs bourses, comme particuliers, mais qu'on respecte leurs droits, comme négocians.

Au reste, c'est non-seulement dans l'intérêt de la justice que nous cherchons à détruire des préventions mal fondées, mais dans celui de l'économie. En effet, ce que l'on refuse en considération à une profession utile, il faut, de manière ou d'autre, qu'elle en soit dédommagée en argent; non que le négociant stipule lui-même cette compensation ou en ait seulement connaissance, mais il profite naturellement des avantages que lui laisse la non-concurrence de ceux qu'écarte cet inconvénient attaché à la profession. M. Laboulinière rapporte une circonstance où le haut commerce de France refusa de répondre à un appel que lui fit le gouvernement pour qu'il prît part aux approvisionnemens, alléguant pour raison de son refus la défaveur populaire attachée aux spéculations sur les grains. On voit donc que l'opinion vulgaire est en cela aussi mal avisée qu'injuste.

M. Laboulinière a-t-il bien pu avancer que le commerce opère la baisse quand il veut acheter, et la hausse quand il veut vendre? C'est là une de ces assertions heureusement bien faciles à réfuter, mais qui, si elle était vraie, servirait à justifier l'animadversion de la partie peu éclairée du public contre les marchands de grains. Qui ne sait, au contraire, que c'est l'affluence des acheteurs et la contendance de leurs vues qui opèrent la hausse, et leur apparition simultanée pour revendre qui détermine la baisse? Du reste, M. Laboulinière est trop éclairé pour admettre l'idée absurde d'une connivence universelle dans la classe de commerçans, la plus nombreuse, la plus disséminée, la plus variée dans la condition respective de ses membres, enfin la moins à portée de s'entendre.

L'industrie privée, dit l'auteur, ne fait pas venir les localités qui surabondent assez vite au secours de celles qui manquent. Quoi! l'on reprochait tout à l'heure au commerce sa cupidité, et voilà qu'on l'accuse de ne pas saisir avec assez de promptitude les occasions de gagner de l'argent! Dès qu'un besoin se fait sentir, ou est seulement imminent quelque part, comme c'est le spéculateur le plus diligent qui fait les premiers et les plus gros bénéfices, nous croyons, au contraire, qu'on peut se reposer sur l'intérêt privé et l'émulation que fait naître la concurrence, pour y porter un secours opportun. D'un autre côté, on peut garantir que la même cause modérera les prix, autant que le permettront les difficultés de l'entreprise.

A ce sujet, M. Laboulinière observe que les partisans de l'industrie libre lui prêtent des moyens de transport économique qu'elle n'a pas et qu'on ne peut improviser, tels que des canaux. Sans doute, avons-nous à répondre, l'ami du bien public désire que l'Etat fournisse ces moyens à l'industrie, et que ce bienfait se joigne à celui de la liberté; mais si ces voies économiques n'existent pas pour le commerce ; elles ne sont pas davantage au pouvoir de tout autre pourvoyeur, fût-ce le gouvernement lui-même. On en peut dire autant des procédés de conservation.

Nous sommes forcés de convenir avec l'auteur qu'il n'y a que les transports opérés à l'avance qui puissent parer complétement aux déficits locaux. Le besoin ne se fera certainement jamais sentir, si l'on y pourvoit partout avant qu'il existe ; mais, si l'on veut bien me pardonner une comparaison un peu triviale, en faveur de sa justesse, je dirai qu'il y a de même un secret infaillible pour gagner à la loterie : c'est de prendre tous les billets. Or chacun est à même d'apprécier l'avantage d'une semblable combinaison. A coup sûr, l'économie ne sanctionnerait pas un système de prévoyance exagérée, dont les frais sraient disproportionnés à leur objet.

Quand M. Laboulinière nous assure que le service des approvisionnemens de réserve n'est exploité par l'industrie libre que pour les deux tiers des besoins publics, il ne nous apprend pas sur quels documens il fonde cette assertion ; il oublie également d'instruire son lecteur des limites qu'il assigne aux besoins à satisfaire ; car naturellement ils ne connaissent que celles que leur impose la nécessité.

Le système général d'économie industrielle étant fondé sur la réciprocité des services, nul n'a droit d'exiger d'un autre une valeur quelconque, sans donner en retour une valeur égale. C'est, à la vérité, une condition bien dure pour quelques individus; mais par quelle utopie prétendrait-on remplacer cette clause fondamentale du pacte social (1)? Dans l'état de nature, l'homme n'est-il pas également condamné à se

(1) Ce serait ici le lieu de répondre au reproche que les âmes sensibles font à l'étude de l'économie politique de dessécher le cœur, en faisant abstraction du devoir de la bienfaisance et des actions généreuses, et en déduisant rigoureusement toutes les règles de la vie civile, du principe de justice que nous venons de poser. Si la science détruisait, comme ces personnes le pensent, ce sentiment instinctif plus sûr que le raisonnement lui-même, et qui nous porte à secourir tout être souffrant, elle tendrait effectivement à priver l'homme de l'un de ses plus nobles rapports avec ses semblables. Pour moi, j'ai toujours cru que les vérités que la raison démontre, et les sentimens généreux que le cœur inspire, ne pouvaient jamais se trouver ainsi en opposition. Les devoirs d'une bienfaisance éclairée découlent en effet des principes mêmes de l'économie politique, dans ce sens qu'un bienfait est l'acquit d'une prime d'assurance contre la détresse.

passer des choses qu'il est incapable de se procurer, dût même son existence en être compromise? cruelle alternative, qu'au moins, en société, la pitié de ses semblables manque rarement de mitiger! La loi de la réciprocité n'est autre chose qu'une conséquence de celle de la nécessité. On ne doit donc, en économie politique, prendre en considération que les besoins accompagnés des moyens de rétribuer suffisamment le service qu'ils réclament.

On ne peut, d'ailleurs, se dispenser de reconnaître que le besoin des alimens lui-même n'est pas d'une nature fixe et absolue, comme on le suppose trop souvent dans certains calculs. La consommation d'une année abondante est bien supérieure à celle d'une année médiocre, sans que, dans le premier cas, on ait fait servir la denrée à autre chose qu'à satisfaire des besoins que la nécessité neutralise dans le second. Grande année se consomme, petite année se conserve, dit le proverbe. Cette flexibilité de la nature humaine est sans doute un ressort qu'il faut le moins possible mettre à l'épreuve; car, quand le peuple est obligé de faire, comme il le dit avec une étonnante justesse d'expression, *petite vie qui dure*, il est à observer que le principe vital perd de son intensité, comme pour se répandre sur un plus grand espace de temps. Dans les temps de détresse, la vie individuelle aussi-bien que celle du corps politique sont, pour ainsi dire, en défaillance; mais par quelle combinaison administrative peut-on espérer de remédier à ce malaise d'un Etat, quand on est dans l'impossibilité d'augmenter d'un atome les moyens d'existence de la population? Faut-il, comme le dit spirituellement M. Say, au malheur d'une mauvaise récolte ajouter encore les inconvéniens d'une mauvaise loi?

S'il était vrai que l'industrie libre ne pût ou ne voulût pourvoir qu'aux deux tiers des besoins publics, dans le sens que nous avons vu qu'il convenait d'attacher à ce mot, la conséquence en serait effectivement pour elle des profits plus grands qu'il n'est utile qu'ils le soient, et la société aurait raison de désirer qu'ils fussent réduits par des moyens légitimes. Lorsque les Hollandais possédaient exclusivement la culture des épices, ils avaient intérêt à en restreindre la production, et souvent même ils détruisaient une partie de la récolte, afin que la grande abondance de la denrée n'en avilît pas le prix; mais dès que d'autres nations purent les livrer de concurrence avec eux, ils ne s'avisèrent plus d'un expédient qui, au lieu d'assurer leurs bénéfices, les aurait infailliblement minés. Comment se fait-il donc qu'un commerce libre, et dont l'apprentissage est à la portée des moindres esprits, demeure incomplétement exploité, et qu'il y reste une si large source de profits à recueillir qui ne tente personne?

Toutefois, Messieurs, en faisant cette remarque, dont nous vous laissons le soin de tirer la conséquence, nous sommes bien loin de prétendre qu'il ne reste aucun progrès à faire à cette branche d'économie publique; mais nous nous croyons fondés à penser que les profits du marchand de grain ne sont que ce qu'ils doivent être dans l'état actuel de l'opinion publique à son égard, des droits qui lui sont garantis par les principes admis dans notre législation, et du degré de civilisation commerciale qu'a atteint cette partie.

Qu'on ne s'imagine pas, d'ailleurs, que l'équilibre des profits soit rompu parce qu'on aura vu quelquefois des spéculateurs sur les réserves de grains faire des bénéfices énormes. Il convient de distinguer ici deux natures de profits distincts, savoir : celui dû à la manutention et autres frais de conservation, et le succès éventuel de la spéculation. Dans ce dernier cas, l'opération est une sorte de loterie où les gagnans doivent recueillir la valeur de toutes les pertes qu'ont faites leurs concurrens.

L'expédient que M. Laboulinière a imaginé pour forcer les marchands de grains à réduire leurs prétentions, c'est de faire intervenir dans les marchés un pourvoyeur désintéressé. Il est généreux, il est philanthropique sans doute de se désister en faveur des malheureux de ce qui nous appartient légitimement; mais il n'en est pas tout-à-fait de même de contraindre les autres à le faire. De deux choses l'une : ou les avantages du négoce des grains sont trop grands, ou ils ne sont que ce qu'ils doivent être. Dans le premier cas, ne conviendrait-il pas mieux de tenter de les réduire en leur opposant une concurrence loyale, sans armer contre eux tous les moyens dont le gouvernement peut disposer? Dans la seconde supposition, il est souverainement imprudent de rien retrancher à des profits qui ne sont que suffisans pour assurer la reproduction de ce service public; sinon l'on expose les entrepreneurs à y renoncer, pour chercher dans d'autres branches d'industrie des avantages qu'ils ne trouvent plus dans la leur. C'est alors que, bien qu'on se fût bercé du contraire, on aurait supplanté le commerce; et M. Laboulinière a la franchise d'avouer que ce serait sans être capable de le remplacer.

D'ailleurs, examinons quelle est cette concurrence qu'il plaît à l'auteur de qualifier de désintéressée. Elle ne peut avoir lieu qu'au moyen d'employés publics déjà salariés, et dont tous les momens appartiennent à l'Etat. Or, bien que leur part dans l'opération ne soit pas imputée au compte de l'approvisionnement, elle n'est pourtant rien moins que gratuite; et ce qu'il y a de plus vexant pour le marchand de grain, c'est que ses impôts servent à payer le travail d'un concurrent qui, par cela seul, est à même de lui faire la loi dans les marchés; bref, en termes vulgaires, c'est lui qui fournit *les verges qui servent à le fouetter.* Cette combinaison, nous sommes forcés de le dire, n'est pas heureuse.

Au reste, que le commerce se rassure : nous apercevons dans le plan proposé la nécessité d'un *directeur général*, de *caissiers* et d'*employés subalternes* bien et dûment payés au compte de l'entreprise, sans parler de tous les *frais de bureau* nécessaires à chaque échelon de la hiérarchie administrative; or l'industrie privée, qui marche sans tout ce dispendieux apanage, opérerait bien mal si elle avait rien à craindre de la concurrence du pourvoyeur désintéressé, à moins qu'il n'entrât dans le système de celui-ci de travailler à perte.

L'auteur a fort bien senti que cette dernière condition, qui serait un acte de désintéressement par excellence, ferait manquer l'édifice par sa base : c'est pourquoi, non-seulement il ne veut pas que l'entreprise éprouve de pertes dont le peuple supporterait la charge comme contribuable, après avoir été soulagé comme consommateur de grain ; mais il espère, tout en achetant plus cher que le commerce, et en vendant à meilleur marché que lui, faire encore d'assez beaux bénéfices. Nous eussions désiré voir cette assertion reposer sur des calculs exacts.

M. Laboulinière établit les siens sur les prix actuels de surabondance et de disette, tandis que de plus vastes approvisionnemens et leur versement dans les marchés ont déplacé ces termes extrêmes. Ces anciennes données ne peuvent donc plus servir à résoudre le problème. Pour ne pas vendre à perte, il faut qu'on laisse au besoin public encore assez d'intensité, dans les années de déficit, pour que la denrée se maintienne à un prix qui couvre les frais et risques de la conservation. Si l'on a poussé l'approvisionnement au delà de ce terme, on n'a fait que transporter la surabondance dans les réserves.

Le principal argument sur lequel on se fonde, pour que le gouvernement s'attribue une partie du service industriel des approvisionnemens, c'est, dit-on, parce qu'il est mieux informé que personne des besoins et des ressources, et qu'il possède une profonde science et une grande expérience dans ces matières. Quant à l'exactitude des renseignemens, M. Laboulinière parle sans doute pour l'avenir; mais, supposé que le gouvernement possédât toutes les lumières qu'il lui prête, ne pourrait-il pas les utiliser, sans entreprendre un métier qui n'est pas le sien? Ce serait, si toutefois la simplicité de ce moyen n'est pas un motif d'exclusion, que le gouvernement transmît au commerce, sans faveur ni préférence, tous les renseignemens qu'il possède. Enfin, nous ne pouvons nous le dissimuler, si nous cherchons dans les antécédens la preuve de cette grande habileté de l'administration, en fait de subsistances, nous n'y apercevons qu'une seule chose : c'est que jusqu'à présent *les éternels tuteurs des hommes* ont bien mal géré cette portion des intérêts de *leurs pupilles*.

On serait tenté de croire que, dans un temps qui est sans doute passé, on a pris à tâche d'embrouiller la question très-simple du commerce des grains, afin d'en compliquer la science du gouvernement. Dans un chapitre sur l'utilité de l'appréciation des ressources alimentaires, M. Laboulinière, qui a, dans notre manière de voir, le tort d'avoir suivi des erremens surannés, assure que la connaissance des produits qui servent à la nourriture des hommes est indispensable, si l'on veut calculer les ressources et les besoins, les superflus et l'insuffisance, dans la vue d'établir un véritable système de prévoyance.... « Des recensemens biens et uniformément faits, dit-il, feront connaître les besoins à l'avance.... Enfin cette connaissance est nécessaire à l'assiette de l'impôt. »

On ne peut nier l'utilité des connaissances statistiques : c'est en quelque sorte l'inventaire de la puissance d'une nation. Mais on n'a qu'une règle simple et exacte à suivre pour juger de l'importance des divers produits : c'est de les soumettre à l'épreuve de leur valeur vénale. En suivant une méthode plus abstraite dans la recherche des besoins, on se jette dans d'inextricables difficultés, pour n'arriver à aucun résultat utile à la chose publique. Par exemple, pour asseoir l'impôt, c'est moins ce que le peuple doit manger que ce qu'il peut dépenser qu'il importe de connaître : il n'est donc pas besoin pour cela de jauger les estomacs, s'il est permis de s'exprimer ainsi, mais de sonder les bourses, et c'est à quoi notre gouvernement n'a rien à apprendre de personne.

Quel calculateur se flattera de pouvoir présenter un tableau exact de l'utilité relative des divers produits, sans l'exprimer en argent, cette mesure commune de toutes les valeurs? Telle denrée, égale à une autre en facultés nutritives, est cependant loin d'être estimée de même par le consommateur : abandonnée aujourd'hui aux bestiaux, la nécessité peut lui donner, d'un instant à l'autre, une application immédiate dont le résultat est tout autre que le premier sous le rapport de la nutrition.

C'est ainsi que les menus grains et les pommes de terre, dont on nourrit les bestiaux dans les temps d'abondance, se trouvent consommées par l'homme sous forme de viande, de laitage et même d'étoffes de laine; et, dans les temps de cherté, deviennent d'utiles succédanées à la principale denrée alimentaire. La rareté des fourrages (singulière connexion), contribue à la cherté du pain dont l'homme se nourrit, parce qu'on est alors obligé de donner du grain aux bestiaux pour suppléer à leurs alimens herbacés. La rareté du vin entre aussi au nombre des causes qui font monter le prix du grain, parce que l'on remplace cette boisson et celles qui en sont le résultat, par de la bière, des esprits et des vinaigres de grains. Bref, à moins d'avoir le fil d'Ariane pour sortir de ce dédale, les seuls recensemens raisonnables, ce sont, celui que le consommateur fait dans sa caisse, quand il connaît le cours du marché, et celui du spéculateur dans ses moyens industriels, quand il a le coup d'œil assez juste pour prévoir les demandes. Au reste, lorsque celui-ci se trompe, c'est à ses dépens ; tandis que, si l'autorité venait à errer, ce serait, comme par le passé, à la charge du contribuable.

M. Laboulinière a traité des disettes factices, et paraît convaincu qu'il y en a beaucoup plus de semblables dans un grand état que de véritables. Remontons aux causes de cette anomalie commerciale.

Le prix d'une denrée ne dépend pas plus de la volonté du vendeur que de celle de l'acheteur : il résulte de ce rapport des besoins respectifs qu'ils ont, l'un d'acheter, l'autre de vendre ; besoins dont ils sont habitués à juger de part et d'autre avec une exactitude suffisante. Lorsqu'on s'exagère dans le public la grandeur du besoin ou l'exiguité des ressources, il y a disette factice, ou, en termes plus précis, fausse disette. Mais, d'où vient l'erreur ? Voilà toute la question. De tous temps les agens de l'autorité ont répandu, en pareil cas, que les maux du peuple étaient dus aux manœuvres des marchands, qui ont, suivant eux, le pouvoir de faire monter le prix du grain quand ils veulent vendre, qui jouent à la hausse et à la baisse sur les marchés, qui spéculent sur la misère publique, qui sèment l'alarme, etc. Il y a, dans tout cela, beaucoup de mots dont on se paie, sans qu'on puisse expliquer, ou du moins justifier, le sens qu'on y attache. Spéculer sur la misère publique en y portant secours, ce n'est pas en être coupable : le médecin spécule aussi sur les maux du corps humain, auxquels il s'applique à porter remède ; jouer à la hausse et à la baisse, c'est acheter quand la denrée est abondante, pour la rendre à la circulation quand elle est plus rare : or il n'y a rien dans cette opération que d'utile au public. Autre chose serait de répandre de fausses alarmes ; mais il n'est au pouvoir d'aucun particulier de le faire, et le public n'est pas assez simple pour se laisser prendre à des propos de marchands. Tous les dires de ceux-ci, pour exagérer les circonstances qui peuvent donner du prix à leur denrée (et ils ne possèdent aucun autre moyen d'influence), sont pris en tous temps pour ce qu'ils valent, pour des formules banales auxquelles on est habitué. Il est même vrai que le commerce des grains est celui où il y a le moins de cette éloquence fastidieuse dont on est sans cesse rebattu dans les boutiques et les comptoirs des villes, où l'on met à chaque phrase la conscience en avant, et où l'on prend l'honneur à témoin pour le plus mince intérêt.

Voulons-nous remonter à la véritable cause

des alarmes publiques, source des disettes factices, écoutons M. Laboulinière lui-même : « Chose singulière! dit-il, tous les édits et ordonnances sur les subsistances et le commerce des grains, les grands achats, les prétendus remèdes, ou précautions, datent précisément des époques de disette.... » Autre part, il fait cette observation : « Les achats pour le compte du gouvernement, faits dans des momens de détresse, par des commissaires zélés et fidèles, ont été reconnus une mesure fâcheuse à cause de la concurrence subite. Que n'aurait-on pas à dire sur les opérations qui ont eu lieu sous le manteau de l'administration publique et avec les fonds mêmes du trésor! »

Nous nous dispenserons, Messieurs, de rien ajouter à des faits qui parlent d'eux-mêmes et avancés par une pareille autorité ; nous les livrons à vos réflexions et à celles du public, qui apprendra, sans doute, en connaissant la véritable cause de ses maux, à ne plus se laisser prévenir par de vagues déclamations contre la plus utile classe de négocians.

Nous rappellerons ici, à l'occasion des chertés qui ont quelquefois lieu, dit-on, au milieu de l'abondance, une observation d'un des membres les plus éclairés de cette Société : il disait que « le but des approvisionnemens, soit publics, soit privés, étant de porter remède à la disette, certains spéculateurs, aveuglés par leur avidité, opéraient quelquefois en sens inverse, quand, se refusant à vendre leur denrée au moment de la plus grande cherté, dans l'attente sans doute d'une détresse plus grande encore, ils étaient par suite obligés de s'en défaire à un prix inférieur. » Il semblait à notre estimable collègue que cette fausse opération devait être réprimée. Il aurait raison, sans doute, s'il existait quelque génie plus qu'humain, capable de prédire le terme juste où doit s'arrêter une détresse progressivement croissante. Le spéculateur est, du reste, assez puni de son erreur de compte par les pertes qu'il éprouve, et il est heureux pour la société qu'il y ait des gens qui, par hardiesse de joueur, défaut de jugement ou autrement, peu importe, font à leurs risques et périls des réserves pour la détresse la plus extrême possible.

Pour affranchir l'autorité de la terrible responsabilité des émeutes populaires, pour cause de subsistances, il n'y a qu'un moyen certain : c'est qu'elle renonce enfin à s'immiscer dans cette branche d'industrie. Tant que le gouvernement fera le métier de pourvoyeur, il doit craindre des troubles quand le peuple sera mécontent de son service. Il est des objets dont la privation doit quelquefois n'être pas moins vivement sentie que celle d'une portion d'alimens. Par exemple, croit-on que, dans certains hivers, le froid excessif ne fasse pas mourir beaucoup de pauvres, autant peut-être que la plus sévère disette de pain? S'ils ne s'en prennent pas au gouvernement, c'est probablement parce que celui-ci ne s'est pas encore avisé de se constituer fournisseur de combustibles. Pour se faire adorer comme une seconde Providence, il faudrait qu'on fût à la même distance des autres hommes que la Providence divine.

Nous pensons volontiers, avec un auteur que cite M. Laboulinière, que c'est un funeste présent que la liberté de pourvoir à sa nourriture, brusquement donnée à un peuple habitué de longue main à ne pas s'en occuper. Mais, lorsque ce peuple est arrivé progressivement à un degré de civilisation commerciale voisin de la liberté, quelle raison aurait-on de le faire rétrograder?

Nous n'avons pas dû penser que cette tutelle en matière de subsistance, qu'on voudrait faire regarder comme l'état naturel et obligé d'une nation, fût un moyen de gouvernement; dans tous les cas, c'en serait, selon nous, un bien mauvais et bien dangereux.

Après avoir récusé un à un tous les principes d'économie politique sur lesquels M. Laboulinière fonde son nouveau système d'approvisionnement de réserve, il devient superflu de l'attaquer dans ses moyens d'exécution ; nous ferons seulement observer, en peu de mots, que l'idée principale en est ingénieuse : elle consiste à mettre en œuvre le moyen de conservation le plus économique connu ; mais à la suite de cela, l'auteur dispose un peu trop librement, à titre gratuit, du temps, du travail, des locaux et de la responsabilité morale du cultivateur; puis, si c'est sur le manque de capitaux de celui-ci qu'est fondée l'utilité du projet de consignation à domicile, on s'écarte de cette donnée dès qu'on est obligé, pour la sécurité de l'entreprise, de ne confier les réserves qu'à des fermiers riches; ceux-ci sont capables d'attendre l'occasion favorable pour leur propre compte ; ou s'ils consentent à vendre leur grain dans la surabondance, qu'on ne pense pas que c'est un écu de surpaie qui les séduira au point qu'ils se résolvent à avoir avec l'autorité des rapports susceptibles de devenir litigieux. Ils ont lu cette fable où le pot de fer, avec une bienveillance sans égale, invite le pot de terre à faire route avec lui.

M. Laboulinière a lui-même pressenti deux grandes difficultés dans son entreprise. La première est qu'elle exige la conviction universelle d'un emploi fructueux des fonds qui y seront consacrés; or l'autorité du pouvoir législatif, qu'il appelle ici à son aide, ne s'étend pas jusque là. Les Chambres n'ont pas encore songé à rendre aucune loi qui prescrivît qu'on fût convaincu de l'excellence de telle ou telle mesure administrative. Quant aux cent cinquante millions dont il a besoin pour l'exécution de son projet, M. le sous-préfet espère *prouver la facilité d'un tel prélèvement sous un gouvernement tel que le nôtre*. Croyez-vous, Messieurs, que de pareils complimens, si le gouvernement les prenait à la lettre, fussent de nature à beaucoup augmenter l'amour que nous avons pour lui? Dans tous les cas, si l'auteur produit sa preuve, les contribuables seront sans doute également admis à fournir la preuve contraire.

Dans le plan proposé, c'est le consommateur qui, pour économiser les profits que prélève sur lui l'industrie privée, serait obligé de faire lui-même les fonds de l'entreprise. Ce serait sur l'intégrité de ce capital que reposerait désormais les moyens d'existence de toute la population. Ces fonds rentreraient au trésor dans les années de stagnation, et l'État les utiliserait en les tenant toujours disponibles, et ne se permettrait, dans aucune circonstance, même dans ses besoins les plus urgens, de les appliquer à un autre emploi. Nous désirons, Messieurs, voir arriver la France à cette confiance illimitée dans son gouvernement; mais le peuple, autorisé par tant de vicissitudes dans les événemens politiques à être prudent à l'excès, dira peut-être qu'il ne veut pas mettre ainsi tous ses œufs dans un seul pannier.

Un des membres de la commission, M. Glachant, saisissant au premier coup-d'œuil l'idée heureuse qu'a eue M. Laboulinière, de baser son système d'approvisionnement sur le procédé de conservation le plus économique, a présenté à la Société un projet d'entreprise de réserve, dégagé de toute dépendance de l'autorité administrative, et par conséquent des dépenses inutiles, des entraves et des risques qui en devaient résulter. Un certain nombre de capitalistes, propriétaires, fermiers et autres, se fussent réunis pour pouvoir disposer d'un plus grand levier; car on sait que l'emploi des gros capitaux est plus économique que celui des petits (1).

---

(1) Un gros capitaliste qui met une partie de sa fortune dans une opération ne risque que son argent; et, pourvu

Ils eussent acheté des cultivateurs une certaine quantité de grain à conserver en meules, en leur en payant les frais de garde, les déchets, l'assurance contre l'incendie, et probablement aussi la convenance. C'est ainsi qu'ils eussent attendu le moment de faire battre leur réserve pour la livrer à la consommation. Les frais de gestion dans une affaire dont tous les intéressés sont à portée de surveiller le dépositaire et de s'entendre sur l'opportunité des achats et des ventes, eussent été bien minimes comparés à ceux qu'entraîne l'action lente et entravée du pouvoir administratif. Cette idée est sans doute praticable, si toutefois les esprits sont mûrs pour une telle combinaison.

Les choses en étaient là, quand M. Laboulinière a publié un nouvel écrit intitulé *Mémoire supplétif*. Nous remarquons avec plaisir, dans ce dernier ouvrage, les plus louables efforts pour faire naître cet esprit d'association qui est le complément de la civilisation. Puisque,

---

que le profit soit proportionné à la chance qu'il court, il est satisfait. Mais le petit particulier qui hasarde tout son avoir expose en même temps son existence et celle des siens : il ne se livrera donc à la spéculation que lorsqu'il aura peu de risques à courir ou de très-grands bénéfices à recueillir.

par des causes que le temps seul peut dissiper, les grands capitalistes refusent généralement à s'engager dans le commerce des subsistances, c'est aux petits à réunir leurs moyens pour fonder cette nouvelle source de richesses. C'est ainsi que les cultivateurs de la Suisse se sont associés pour exploiter une branche d'économie rurale bien importante dans leur pays, la fabrication du fromage. Comme, pour occuper complétement une usine et un manipulateur, il ne faut pas moins de soixante vaches, tous les particuliers d'une même commune, n'en eussent-ils qu'une chacun, forment une Société connue sous le nom de Fruitière, dont on peut voir les détails dans l'ouvrage de M. Lullin de Châteauvieux. Ils obtiennent de cette institution tous les résultats économiques des grandes entreprises et les avantages moraux de la division des richesses.

On aime à voir un magistrat, plein d'amour pour le bien public, travailler à vaincre cet esprit d'inertie et d'isolement qui paralyse encore la plupart des moyens de prospérité dont la France porte le germe dans son sein. A cet égard, M. Laboulinière a droit à l'estime de tous ses administrés.

Tout en différant quelquefois d'avis avec un auteur distingué sous tant de rapports, j'aime à croire que je ne me suis écarté en rien des égards dus à son mérite, ni surtout du respect que je porte à son ministère public. Si les écrits de M. Laboulinière nous ont paru entachés de quelques erreurs, sa conduite administrative en est exempte, et c'est un acte de bonne foi peu commun que d'avoir provoqué sur son ouvrage la critique de la Société d'agriculture.

Je m'estime heureux, Messieurs, après avoir été quelquefois obligé de réfuter l'auteur, de rendre, en votre nom et au mien, un hommage public aux talens et au patriotisme de l'administrateur.

FIN.